Impressum
Verlag: BABADADA GmbH, Nedderfeld 112 , 22529 Hamburg
Geschäftsführer / Verlagsleitung: Harald Hof
Druck: Books on Demand GmbH, In de Tarpen 42, 22848 Norderstedt

Imprint
Publisher: BABADADA GmbH, Nedderfeld 112 , 22529 Hamburg, Germany
Managing Director / Publishing direction: Harald Hof
Print: Books on Demand GmbH, In de Tarpen 42, 22848 Norderstedt, Germany

escola
sekolah

sala de aulas
bilik darjah

dividir
bahagi

186/2

quadro
papan

pátio da escola
laman/taman sekolah

professor
guru

papel
kertas

escrever
tulis

caneta
pen

secretária
meja

régua
pembaris

livro
buku

aluno
murid

mochila
beg galas

estojo de lápis
kotak pensel

lápis
pensel

afia-lápis
pengasah pensel

borracha
pemadam

bloco de desenho
kertas lukisan

desenho

melukis

pincel

berus lukis

caixa de tintas

kotak warna

tesoura

gunting

cola

gam

livro de exercícios

buku latihan

trabalhos de casa

kerja rumah

número

nombor

somar

tambah

subtrair

tolak

multiplicar

darab

calcular

kira

letra

huruf

alfabeto

abjad

palavra

kata

texto

teks

ler

baca

giz

kapur

hora

pelajaran

registo de presenças

daftar

exame

peperiksaan

certificado

sijil

uniforme escolar

uniform sekolah

educação

pendidikan

enciclopédia

ensiklopedia

universidade

universiti

microscópio

mikroskop

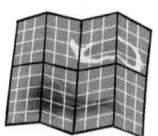

mapa

peta

cesto de lixo

bakul sampah

viagem
berjalan

Grand
hotel
hotel
hostel
asrama
ROOMS
casa de câmbio
pejabat tukaran mata wang
mala
beg pakaian
carro
kereta

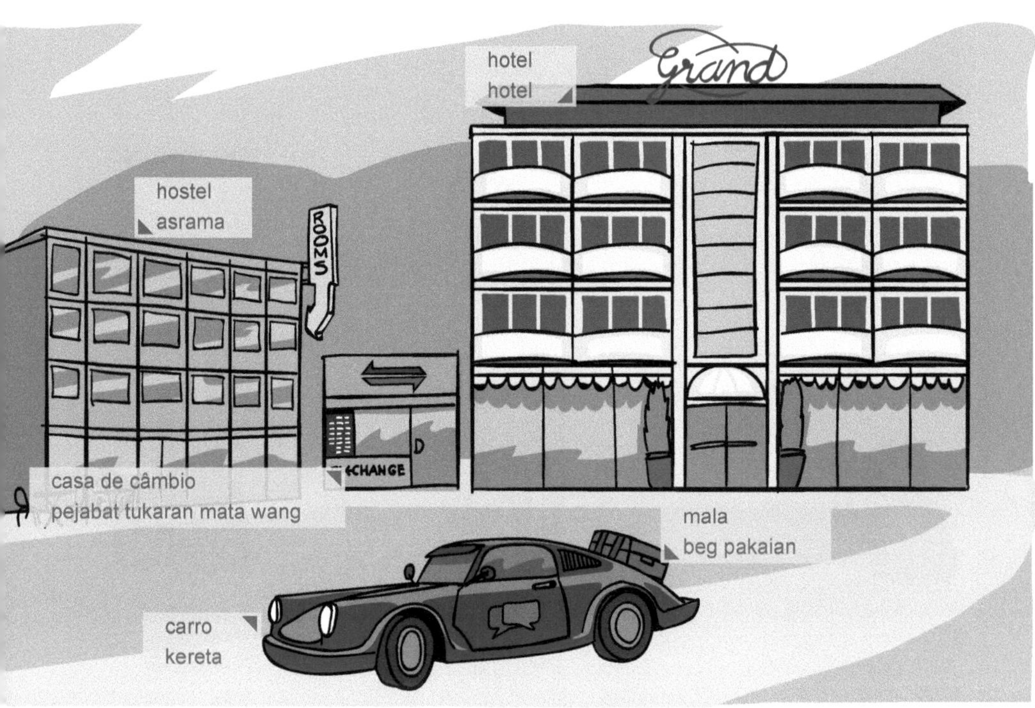

idioma
bahasa

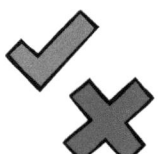

sim / não
ya / tidak

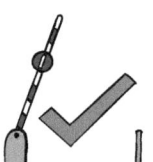

ok / certo / correto
okey

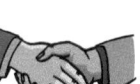

olá
helo

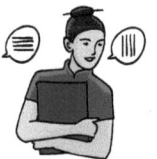

intérprete
penterjemah

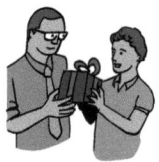

obrigado
Terima kasih

quanto é que custa... ?

berapa banyak…?

não entendo

saya tidak faham

problema

masalah

boa noite!

Selamat petang!

Bom dia!

Selamat Pagi!

Boa noite!

Selamat Malam!

adeus

selamat tinggal

direção

arah

bagagem

bagasi

saco

beg

mochila

beg galas

convidado

tetamu

quarto

bilik tidur

saco-cama

beg tidur

tenda

khemah

informação turística

maklumat pelancong

praia

pantai

cartão de crédito

kad kredit

pequeno-almoço

sarapan

almoço

makan tengah hari

jantar

makan malam

bilhete

tiket

elevador

lif

selo postal

setem

fronteira

sempadan

alfândega

kastam

embaixada

kedutaan

visto

visa

passaporte

pasport

transporte
pengangkutan

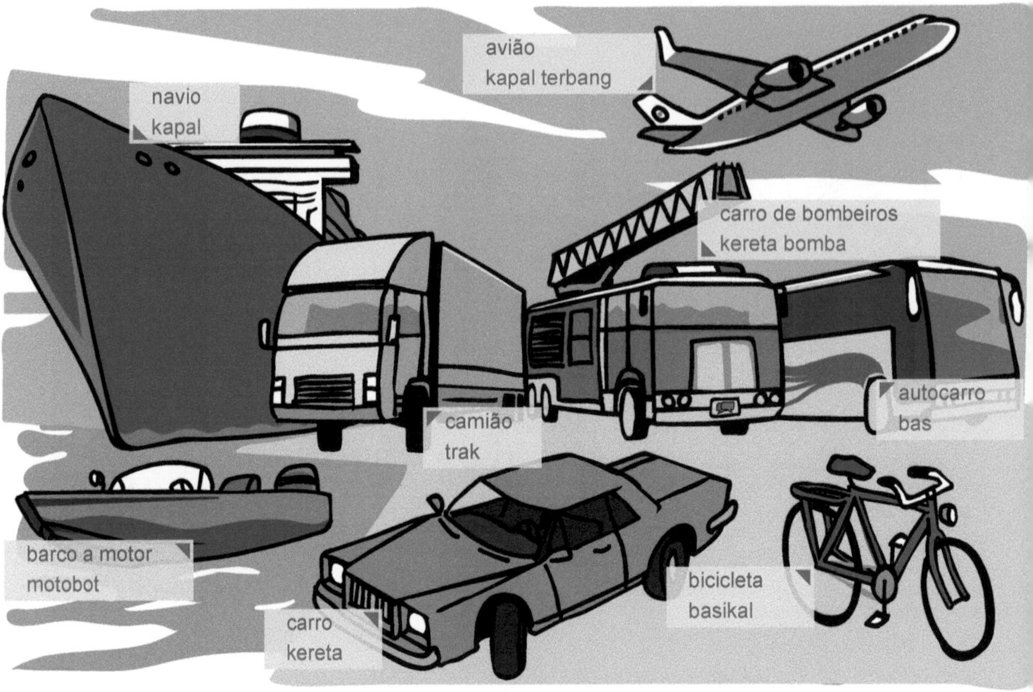

avião
kapal terbang
navio
kapal
carro de bombeiros
kereta bomba
autocarro
bas
camião
trak
barco a motor
motobot
bicicleta
basikal
carro
kereta

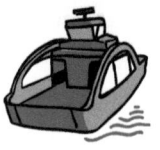

cacilheiro

feri

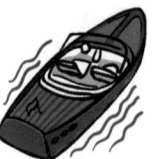

barco

bot

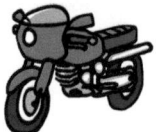

mota

motosikal

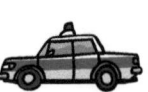

carro de polícia

kereta polis

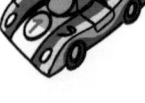

carro de corrida

kereta lumba

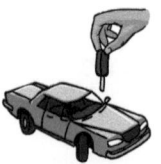

carro alugado

kereta sewa

carsharing

berkongsi kereta

camião de reboque

trak tunda

camião do lixo

trak menolak

motor

motor

combustível

bahan api

estação de serviço

stesen minyak

sinal de trânsito

tanda trafik

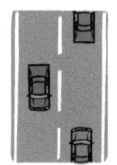

trânsito

trafik

congestionamento de trânsito

kesesakan lalu lintas

parque de estacionamento

tempat parkir

estação ferroviária

stesen kereta api

carris

trek

comboio

kereta api

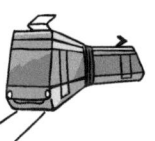

elétrico

trem

carruagem

gerabak

helicóptero

helikopter

aeroporto

lapangan terbang

torre

Menara

passageiro

penumpang

contentor

bekas

caixa de papelão

kadbod

carrinho

kart

cesto

bakul

levantar voo / aterrar

berlepas / mendarat

cidade

bandar

aldeia

kampung

centro da cidade

pusat bandar

casa

rumah

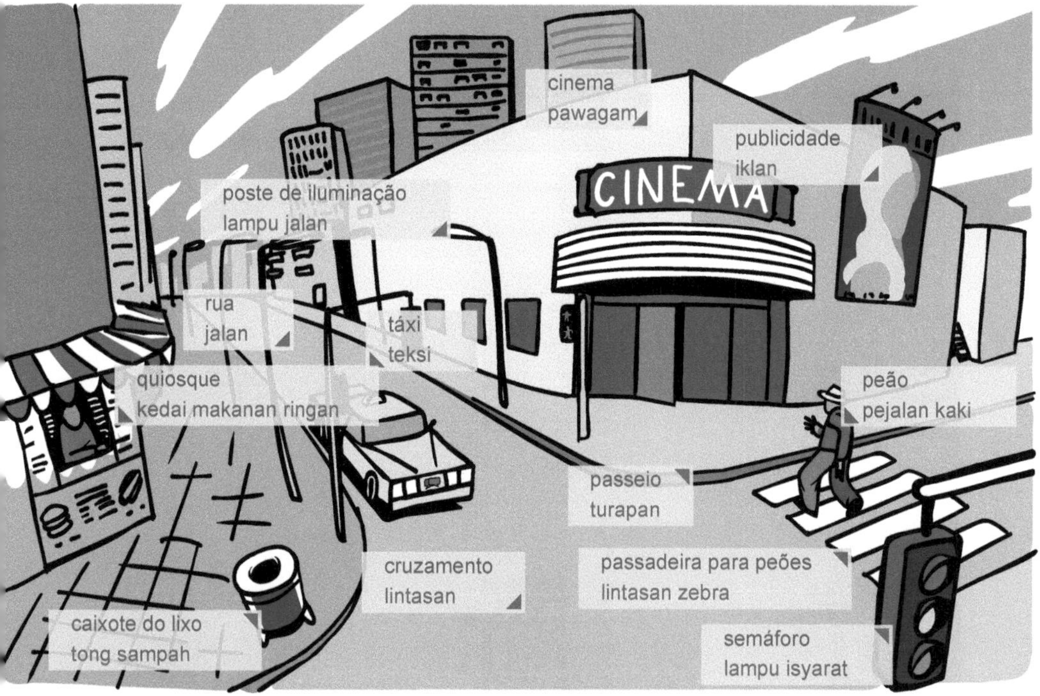
cinema
pawagam
publicidade
iklan
CINEMA
poste de iluminação
lampu jalan
rua
jalan
táxi
teksi
quiosque
kedai makanan ringan
peão
pejalan kaki
passeio
turapan
cruzamento
lintasan
passadeira para peões
lintasan zebra
caixote do lixo
tong sampah
semáforo
lampu isyarat

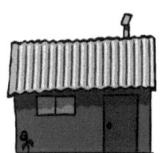

cabana

pondok

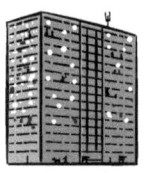

apartamento

flat

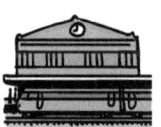

estação ferroviária

stesen kereta api

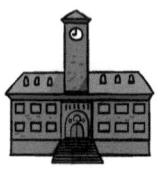

câmara municipal

dewan bandar

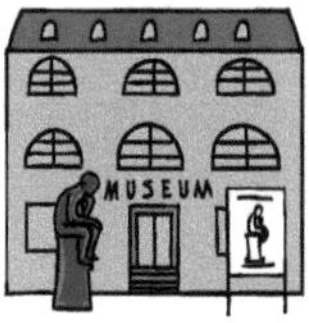
MUSEUM

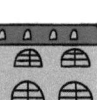

museu

muzium

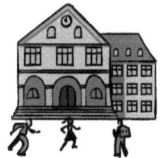

escola

sekolah

universidade

universiti

banco

bank

hospital

hospital

hotel

hotel

farmácia

farmasi

escritório

pejabat

livraria

kedai buku

loja

kedai

florista

kedai bunga

supermercado

pasar raya

mercado

pasaran

loja de departamentos

gedung

peixaria

penjual ikan

centro comercial

pusat membeli-belah

porto

pelabuhan

parque

taman

banco

bangku

ponte

jambatan

escadas

tangga

metro

bawah tanah

túnel

terowong

paragem de autocarro

hentian bas

bar

bar

restaurante

restoran

caixa de correio

peti surat

sinal de trânsito

papan tanda jalan

parquímetro

meter parkir

jardim zoológico

zoo

piscina

kolam renang

mesquita

masjid

quinta
ladang

poluição
pencemaran

cemitério
tanah perkuburan

igreja
gereja

parque infantil
taman permainan

templo
kuil

paisagem
landskap

folha
daun

placa de sinalização
tiang tanda

caminho
jalan

prado
padang rumput

pedra
batu

caminhantes
pejalan kaki

árvore
pokok

rio
sungai

relva
rumput

flor
bunga

vale

lembah

montanha

bukit

lago

tasik

floresta

hutan

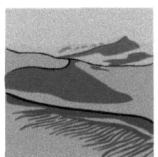

deserto

padang pasir

vulcão

gunung berapi

castelo

istana

arco-íris

pelangi

cogumelo

cendawan

palma

pokok kelapa sawit

mosquito

nyamuk

mosca

terbang

formiga

semut

abelha

lebah

aranha

labah-labah

besouro

kumbang

sapo

katak

esquilo

tupai

ouriço

landak

lebre

arnab

coruja

burung hantu

pássaro

burung

cisne

angsa

javali

babi jantan

veado

rusa

alce

moose

barragem

empangan

turbina eólica

turbin angin

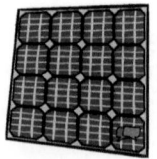

painel solar

panel solar

clima

iklim

restaurante

restoran

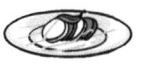

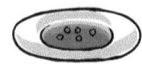

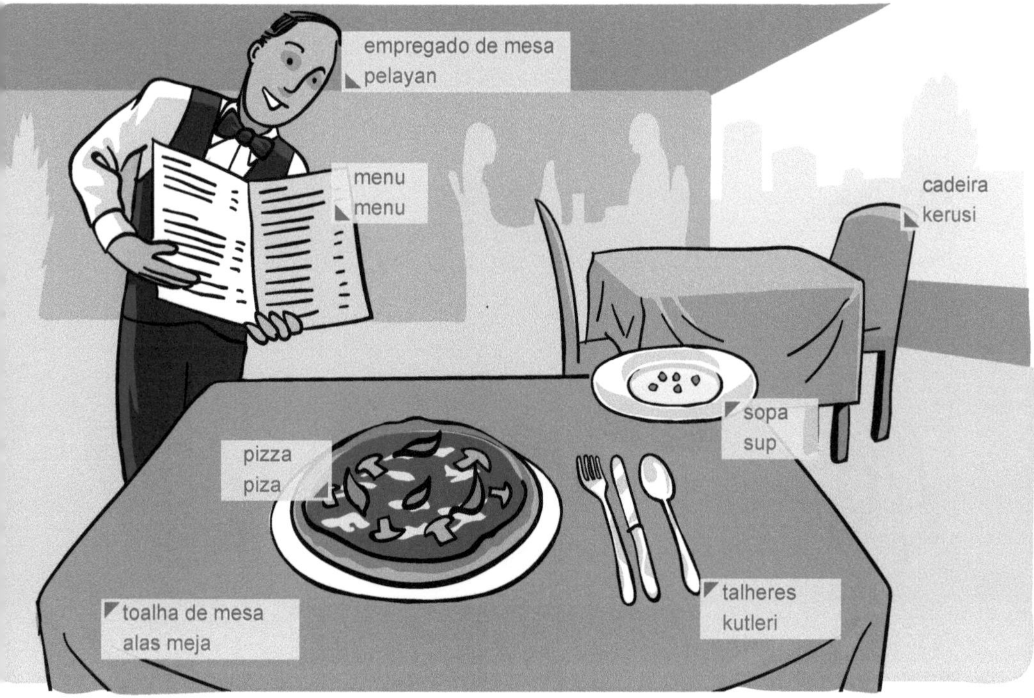

empregado de mesa
pelayan
menu
menu
cadeira
kerusi
sopa
sup
pizza
piza
talheres
kutleri
toalha de mesa
alas meja

entrada

pemula

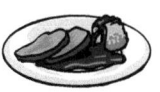

prato principal

hidangan utama

sobremesa

pencuci mulut

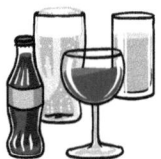

bebidas

minuman

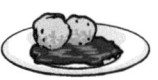

comida

makanan

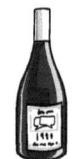

garrafa

botol

fast food
····················
makanan segera

comida de rua
····················
makanan jalanan

bule de chá
····················
teko

açucareiro
····················
mangkuk gula

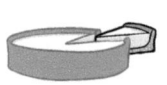

porção
····················
bahagian

máquina de café expresso
····················
mesin espreso

cadeira alta
····················
kerusi tinggi

conta
····················
bil

bandeja
····················
dulang

faca
····················
pisau

garfo
····················
garfu

colher
····················
sudu

colher de chá
····················
sudu teh

guardanapo
····················
serviette

copo
····················
gelas

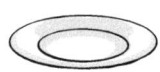

prato

pinggan

prato de sopa

mangkuk sup

pires

piring

molho

sos

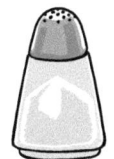

saleiro

tempat garam

moinho de pimenta

pengisar lada

vinagre

cuka

óleo

minyak

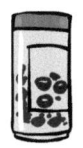

especiarias

rempah

ketchup

sos

mostarda

mustard

maionese

mayones

supermercado

pasar raya

oferta especial
tawaran istimewa
FOR
cliente
pelanggan
laticínios
tenusu
fruta
buah-buahan
carrinho de compras
troli

BUTCHERS

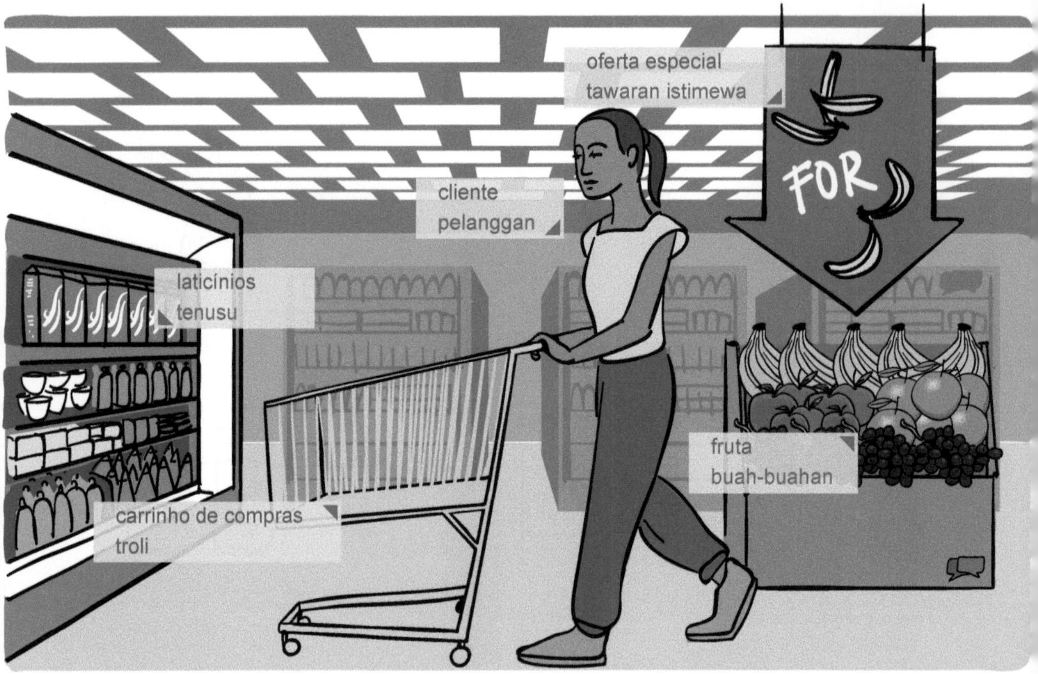

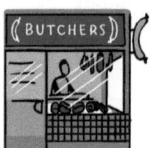

talho

tukang daging

BAKERY

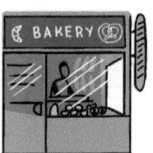

padaria

kedai roti

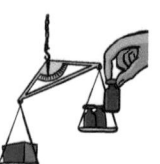

pesar

berat

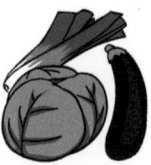

vegetais

sayur-sayuran

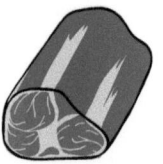

carne

daging

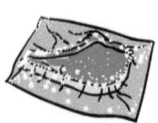

alimentos congelados

makanan sejuk beku

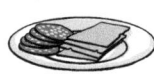

charcutaria

daging sejuk

comida enlatada

makanan dalam tin

detergente em pó

serbuk pencuci

doces

gula-gula

artigos domésticos

produk isi rumah

produtos de limpeza

produk pembersihan

vendedora

orang jualan

caixa

daftar tunai

caixa

juruwang

lista de compras

senarai membeli-belah

horário de funcionamento

waktu pembukaan

carteira

beg duit

cartão de crédito

kad kredit

saco

beg

saco de plástico

beg plastik

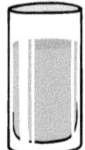

água
air

sumo
jus

leite
susu

coca-cola
kola

vinho
wain

cerveja
bir

álcool
alkohol

cacau
koko

chá
the

café
kopi

café expresso
espreso

capuccino
kapucino

banana

pisang

maçã

epal

laranja

oren

melão

tembikai

limão

lemon

cenoura

lobak merah

alho

bawang putih

bambu

buluh

cebola

bawang

cogumelo

cendawan

nozes

kacang

talharim

mi

esparguete

spageti

arroz

nasi

salada

salad

batatas fritas

kerepek

batatas fritas

kentang goreng

pizza

piza

hambúrguer

hamburger

sanduíche

sandwic

bife panado

kutlet

fiambre

ham

salame

salami

salsicha

sosej

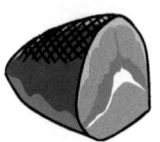

galinha

ayam

assado

panggang

peixe

ikan

flocos de aveia
bubur oat

muesli
muesli

flocos de milho
emping jagung

farinha
tepung

croissant
kroisan

carcaça (pãozinho)
roti roll

pão
roti

torrada
roti bakar

biscoitos
biskut

manteiga
mentega

requeijão
dadih

bolo
kek

ovo
telur

ovo estrelado
telur goreng

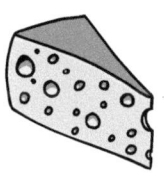

queijo
keju

comida - makanan

gelado
ais krim

açúcar
gula

mel
madu

compota
jem

creme de nougat
krim nougat

caril
kari

quinta
ladang

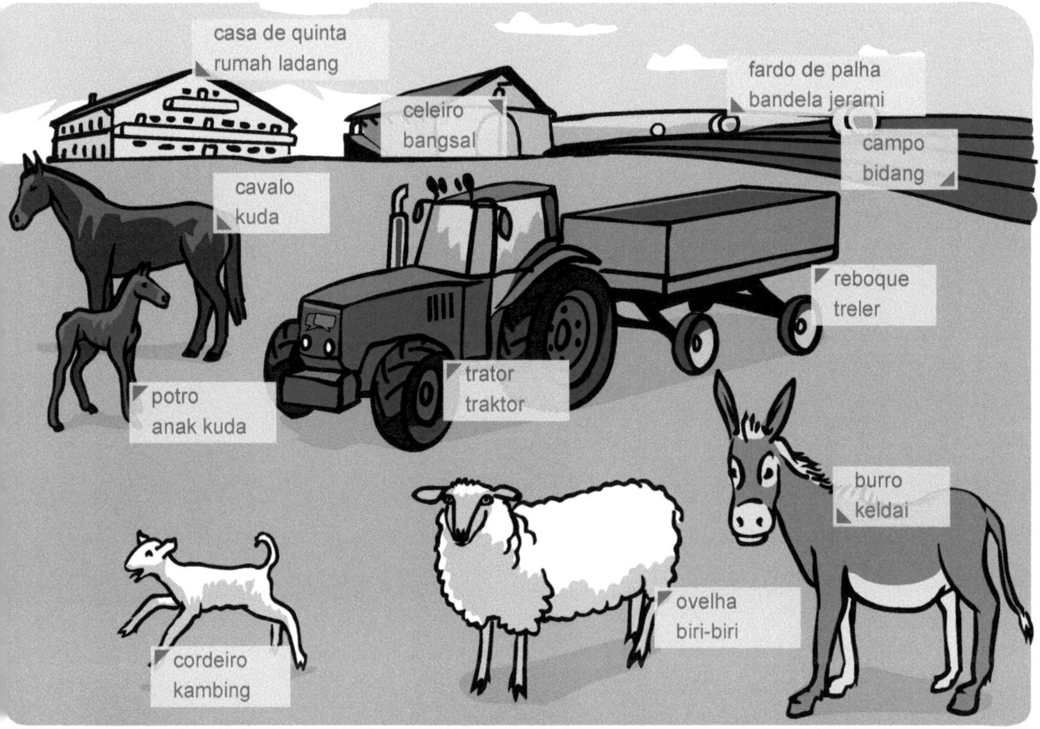
casa de quinta
rumah ladang
celeiro
bangsal
fardo de palha
bandela jerami
campo
bidang
cavalo
kuda
reboque
treler
trator
traktor
potro
anak kuda
burro
keldai
ovelha
biri-biri
cordeiro
kambing

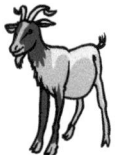

cabra

kambing

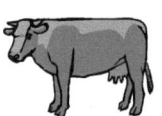

vaca

lembu

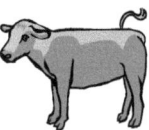

bezerro

anak lembu

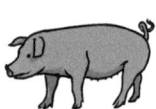

porco

babi

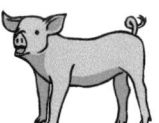

leitão

anak babi

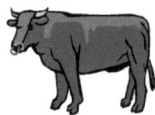

touro

lembu

ganso

angsa

pato

itik

pintaínho

anak ayam

galinha

ayam betina

galo

ayam jantan muda

ratazana

tikus

gato

kucing

rato

tikus

boi

lembu jantan

cão

anjing

casota

rumah anjing

mangueira de jardim

hos taman

regador

bekas siraman

foice

sabit

arado

bajak

foice

sabit

enxada

cangkul

forquilha

serampang peladang

machado

kapak

carrinho de mão

kereta sorong

manjedoura

palung

jarro de leite

tin susu

saco

karung

cerca

pagar

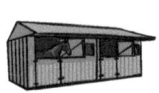

estábulo

stabil

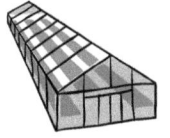

estufa

rumah hijau

solo

tanah

semente

benih

fertilizante

baja

ceifeira-debulhadora

jentuai

colher

tuai

colheita

menuai

inhame

keladi

trigo

gandum

soja

soya

batata

kentang

milho

jagung

colza

biji sawi

árvore de fruto

pokok buah-buahan

mandioca

ubi kayu

cereais

bijirin

casa
rumah

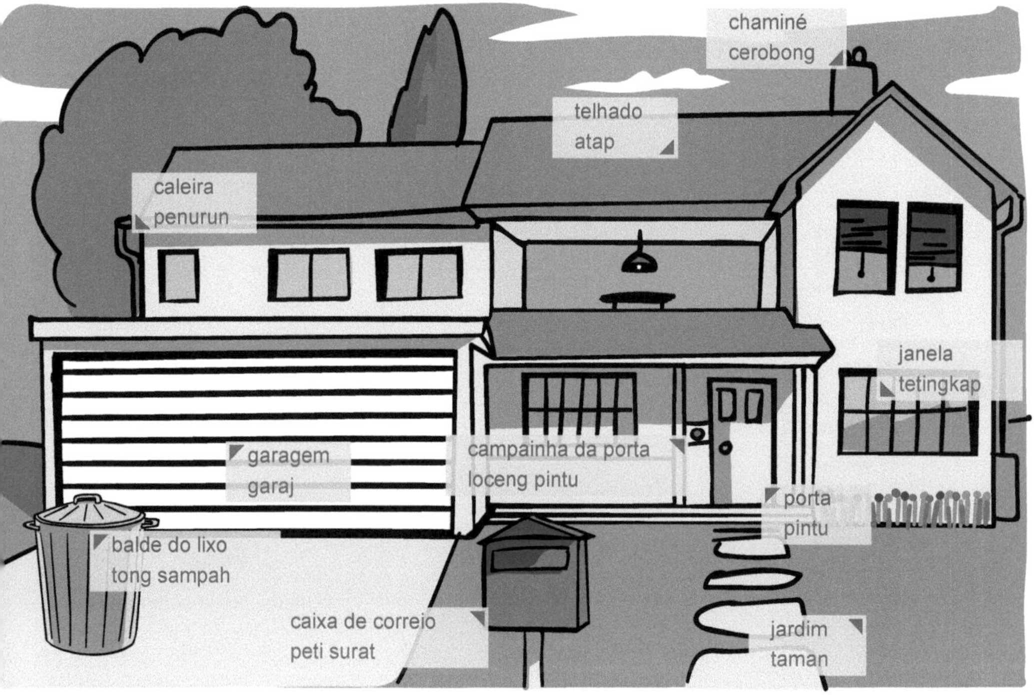
chaminé
cerobong
telhado
atap
caleira
penurun
janela
tetingkap
garagem
garaj
campainha da porta
loceng pintu
porta
pintu
balde do lixo
tong sampah
caixa de correio
peti surat
jardim
taman

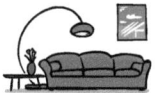

sala de estar

ruang tamu

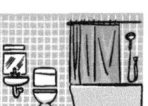

casa de banho

bilik air

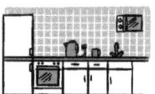

cozinha

dapur

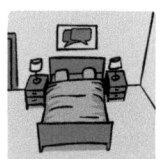

quarto de dormir

bilik tidur

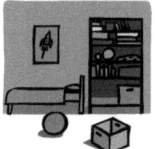

quarto de criança

bilik kanak-kanak

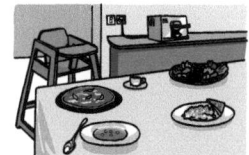

sala de jantar

ruang makan

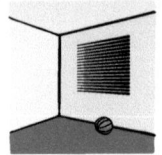

chão

lantai

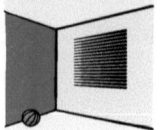

parede

dinding

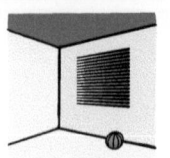

teto

siling

cave

bilik bawah tanah

sauna

sauna

varanda

balkoni

terraço

teres

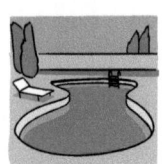

piscina

kolam renang

máquina de cortar relvado

pemotong rumput

lençol

lembaran

cobertor

penutup tilam

cama

katil

vassoura

penyapu

balde

timba

interruptor

suis

sala de estar

ruang tamu

papel de parede
kertas dinding
imagem
gambar
lâmpada
lampu
prateleira
rak
armário
kabinet
televisão
televisyen
lareira
pendiangan
flor
bunga
almofada
kusyen
sofá
sofa
vaso
pasu
controlo remoto
alat kawalan jauh

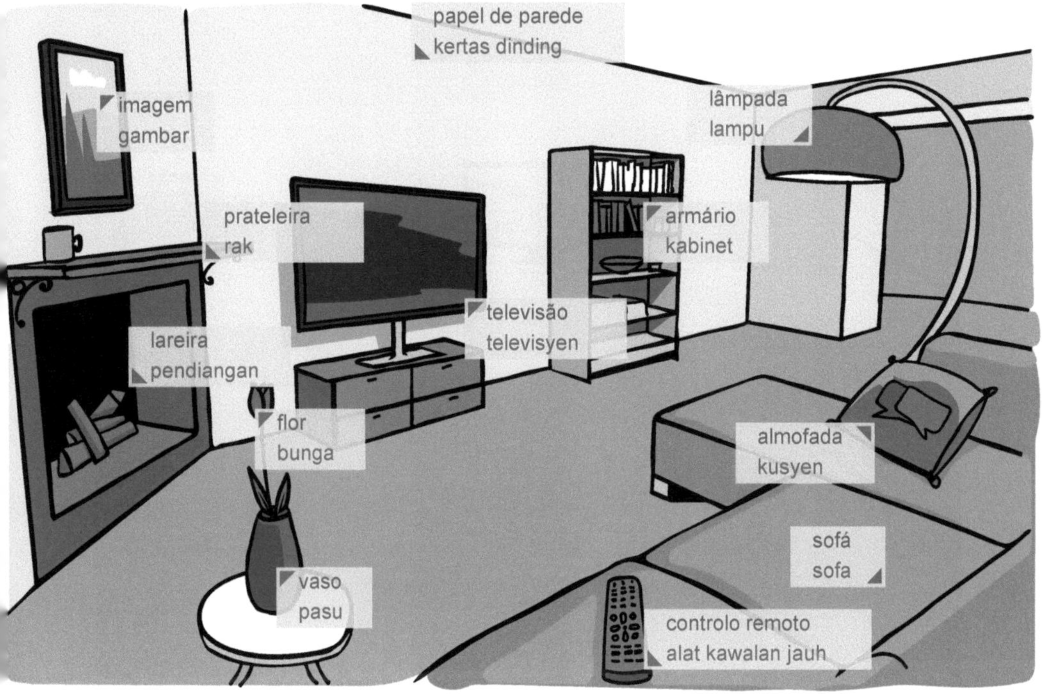

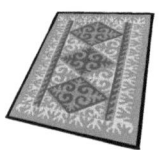

tapete

permaidani

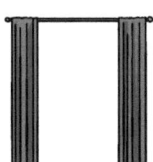

cortina

tirai

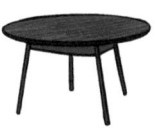

mesa

meja

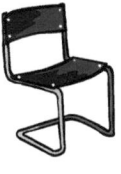

cadeira

kerusi

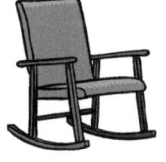

cadeira de baloiço

kerusi malas

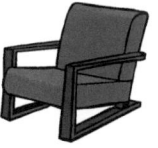

poltrona

kerusi

livro

buku

cobertor

selimut

decoração

hiasan

lenha

kayu api

filme

filem

sistema estéreo

hi-fi

chave

kunci

jornal

akhbar

pintura

lukisan

póster

poster

rádio

radio

bloco de notas

buku catatan

aspirador

penyedut habuk

cato

kaktus

vela

lilin

cozinha
dapur

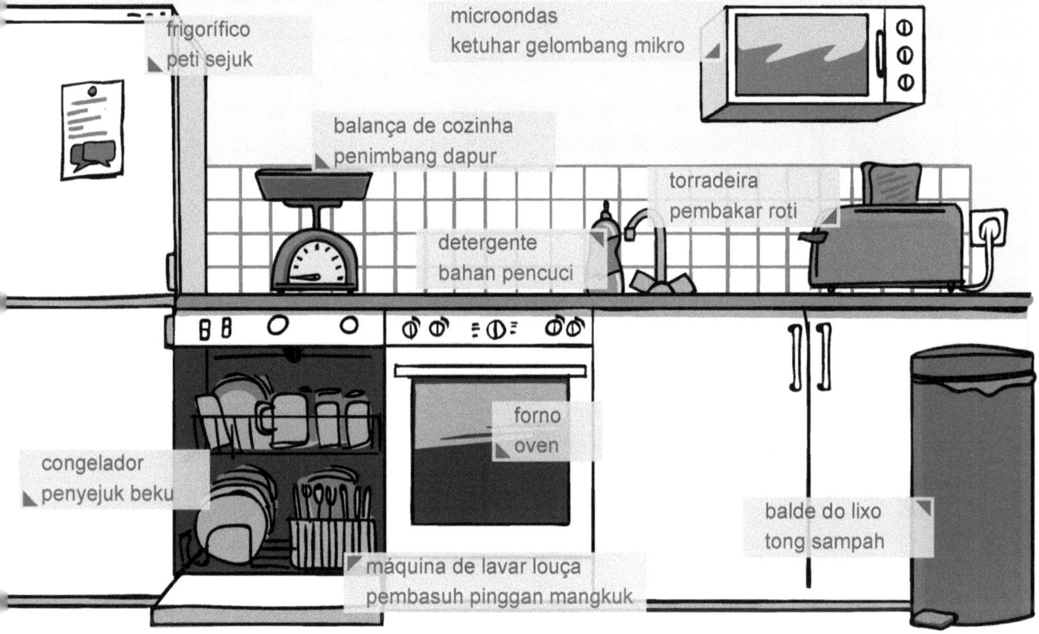
frigorífico
peti sejuk
microondas
ketuhar gelombang mikro
balança de cozinha
penimbang dapur
torradeira
pembakar roti
detergente
bahan pencuci
forno
oven
congelador
penyejuk beku
balde do lixo
tong sampah
máquina de lavar louça
pembasuh pinggan mangkuk

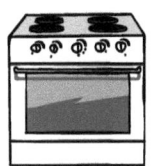

fogão

periuk dapur

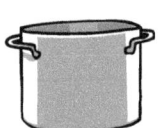

panela

periuk

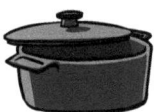

panela de ferro

periuk besi

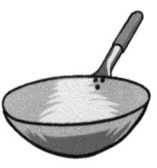

wok / kadai

kuali

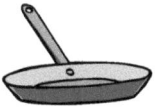

frigideira

pan

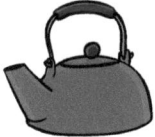

chaleira

cerek

panela a vapor

pengukus

tabuleiro de forno

dulang pembakar

louça

pinggan mangkuk

caneca

koleh

tigela

mangkuk

pauzinhos

penyepit

concha de sopa

senduk

espátula

spatula

batedor de claras

pengadun

escorredor

penapis

peneira

ayak

ralador

pemarut

almofariz

mortar

churrasqueira

barbeku

lareira

pembakaran terbuka

tábua de cortar

papan pencincang

rolo da massa

pin golekan

saca-rolhas

skru gabus

lata

tin

abridor de latas

pembuka tin

luvas de forno

pemegang periuk

lava-loiça

sinki

escova

berus

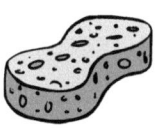

esponja

span

liquidificador

pengisar

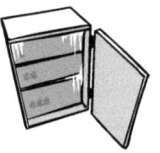

arca frigorífica

penyejuk beku

biberão

botol bayi

torneira

paip

casa de banho
bilik air

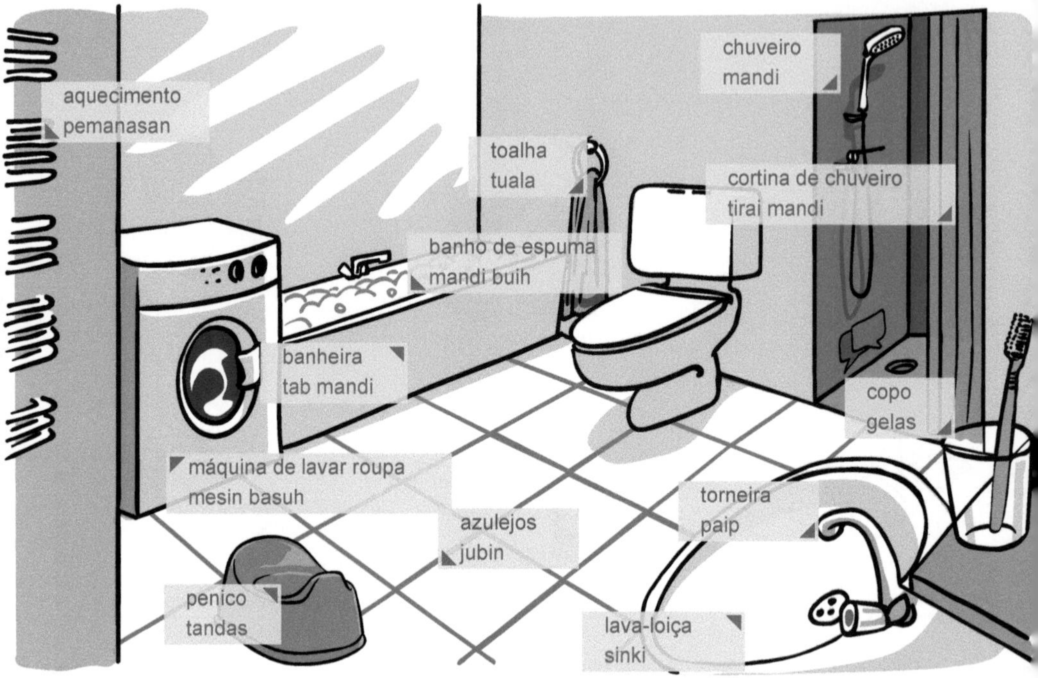

aquecimento
pemanasan
chuveiro
mandi
toalha
tuala
cortina de chuveiro
tirai mandi
banho de espuma
mandi buih
banheira
tab mandi
copo
gelas
máquina de lavar roupa
mesin basuh
torneira
paip
azulejos
jubin
penico
tandas
lava-loiça
sinki

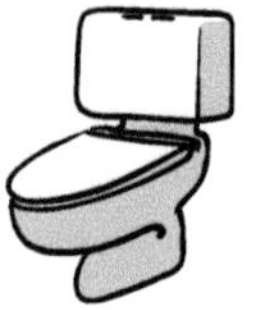

sanita

tandas

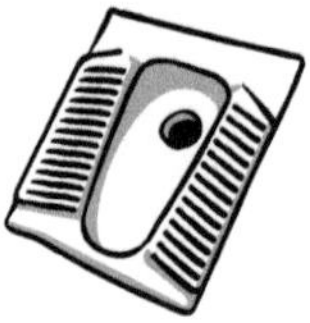

retrete turca

tandas mencangkung

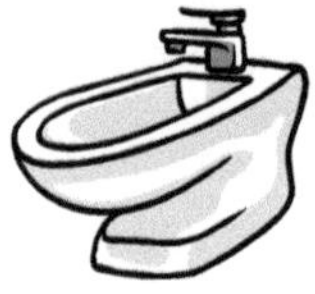

bidé

mangkuk tandas

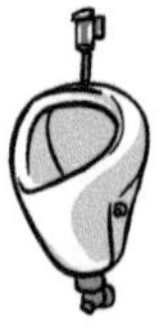

urinol

tandas awam

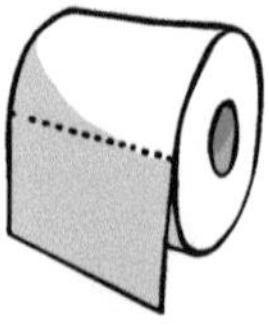

papel higiénico

kertas tandas

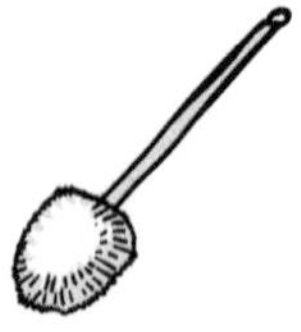

piaçaba

berus tandas

escova de dentes

berus gigi

pasta de dentes

ubat gigi

fio dentário

flos gigi

lavar

cuci

chuveiro de mão

mandian tangan

duche íntimo

pancuran

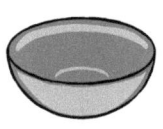

bacia

besen

escova para as costas

belakang berus

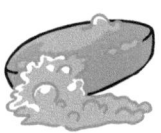

sabonete

sabun

gel de banho

gel mandian

champô

syampu

toalha de rosto

flanel

escoamento

longkang

creme

krim

desodorizante

deodoran

espelho
cermin

espelho de mão
cermin tangan

máquina de barbear
pisau cukur

creme de barbear
busa cukur

loção pós-barba
selepas cukur

pente
sikat

escova
berus

secador de cabelo
pengering rambut

spray de cabelo
semburan rambut

maquilhagem
mekap

batom
gincu

verniz de unhas
varnis kuku

algodão
bulu kapas

tesoura para unhas
gunting kuku

perfume
pewangi

nécessaire

beg basuhan

tamborete

bangku

balança

skala berat

roupão de banho

jubah mandi

luvas de borracha

sarung tangan getah

tampão

kapas

penso higiénico

tuala wanita

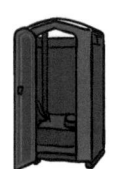

WC químico

tandas kimia

quarto de criança
bilik kanak-kanak

despertador
jam loceng
peluche
mainan kegemaran
carro de brincar
kereta mainan
chocalho
kerincing bayi
casa de bonecas
rumah anak patung
presente
hadiah

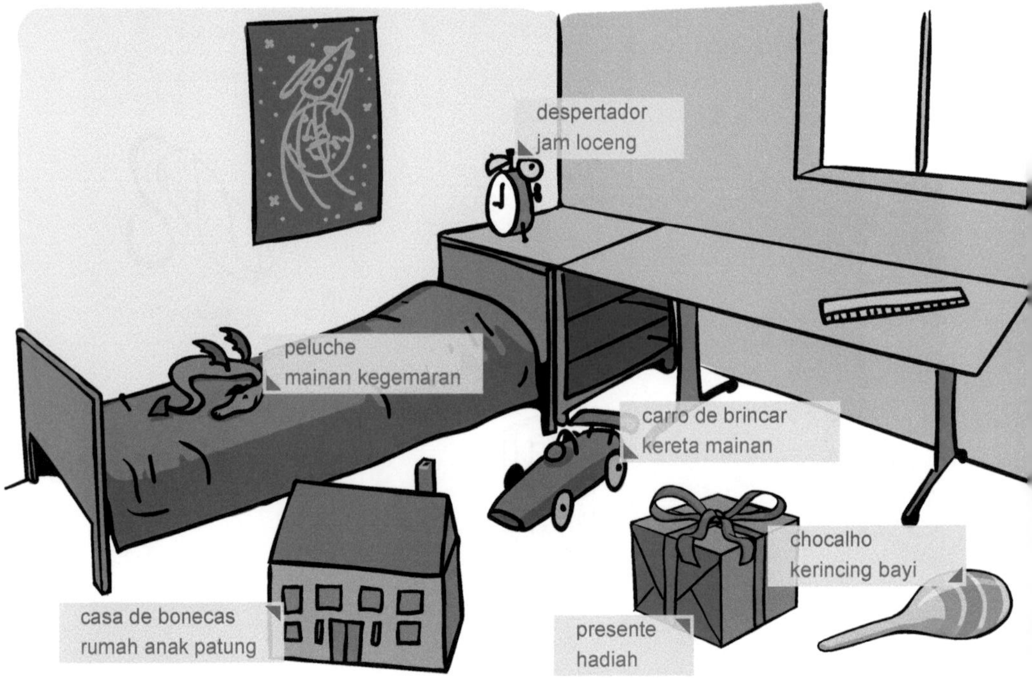

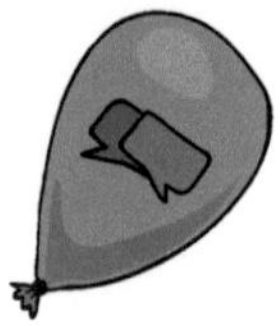

balão
belon

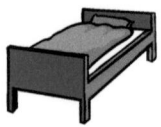

cama
katil

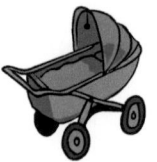

carrinho de bebé
kereta sorong bayi

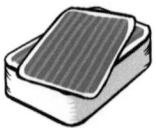

jogo de cartas
set kad

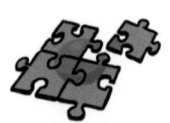

quebra-cabeças
susun suai gambar

SUPER MEGA

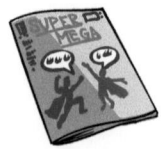

banda desenhada
komik

peças de Lego
batu bata lego

blocos de construção
blok mainan

figura de ação
figura aksi

fato de bebé
baju bayi

Frisbee
frisbee

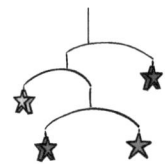

móbile para bebé
mainan bayi mudah alih

jogo de tabuleiro
permainan papan

dados
dadu

pista de comboio elétrico
set model kereta api

chupeta
palsu

festa
parti

livro ilustrado
buku bergambar

bola
bola

boneca
anak patung

jogar
main

caixa de areia

lubang pasir

baloiço

buai

brinquedos

mainan

consola de jogos

konsol permainan video

triciclo

basikal roda tiga

ursinho de peluche

anak patung beruang

guarda-roupa

almari pakaian

vestuário

pakaian

meias

stoking

meias pelo joelho

stoking

meias-calças

ketat

cachecol
skarf

guarda-chuva
payung

t-shirt
kemeja-t

g/keselamatan

botas
but

chinelos
selipar

sapatilhas
kasut sukan

sandálias
sandal

sapatos
kasut

botas de borracha
but getah

cuecas
seluar dalam

sutiã
coli

camisola interior
ves

body
badan

calças
Seluar panjang

calças de ganga
jean

saia
skirt

blusa
blaus

camisa
kemeja

pulôver
baju panas sarung

camisola com capuz
sweater

blazer
blazer

casaco
jaket

manto
kot

gabardina
baju hujan

traje
kostum

vestido
pakaian

vestido de casamento
baju pengantin

fato

sut

camisa de dormir

baju tidur

pijama

baju tidur

sari

sari

lenço de cabeça

skarf kepala

turbante

serban

burca

burqa

cafetã

kaftan

abaya

abaya/jubah

fato de banho

baju renang

calções de banho

seluar renang

calções

seluar pendek

fato de treino

sut balapan

avental

apron

luvas

sarung tangan

botão

butang

óculos

cermin mata

pulseira

gelang tangan

colar

rantai leher

anel

cincin

brinco

subang

boné

topi

cabide

penyangkut kot

chapéu

topi

gravata

tali leher

fecho de correr

zip

capacete

topi keledar

suspensórios

pendakap

uniforme escolar

uniform sekolah

uniforme

seragam

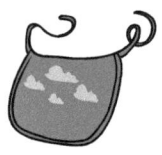

babete

lapik dada

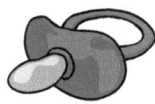

chupeta

palsu

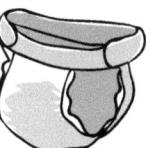

fralda

lampin

escritório
pejabat

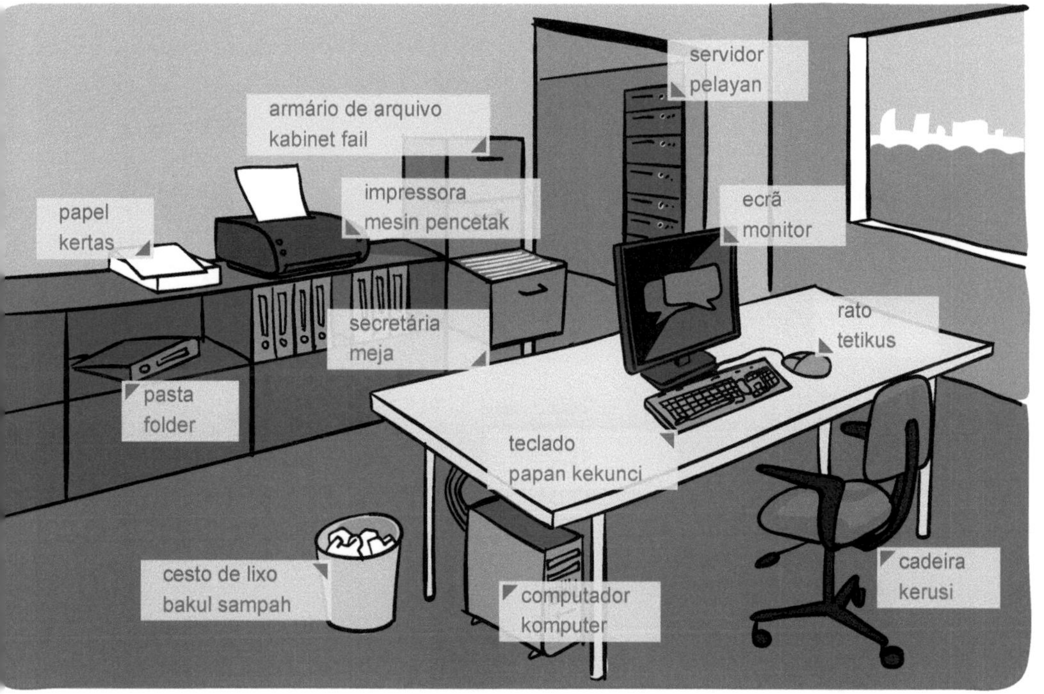
servidor
pelayan
armário de arquivo
kabinet fail
papel
kertas
impressora
mesin pencetak
ecrã
monitor
secretária
meja
rato
tetikus
pasta
folder
teclado
papan kekunci
cesto de lixo
bakul sampah
computador
komputer
cadeira
kerusi

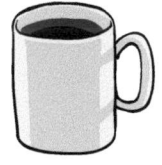

caneca de café

cawan kopi

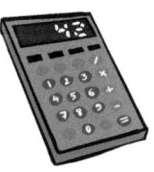

calculadora

kalkulator

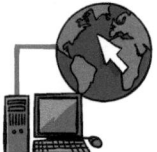

internet

internet

computador portátil

komputer riba

carta

surat

mensagem

mesej

telemóvel

mudah alih

rede

rangkaian

fotocopiadora

mesin fotokopi

software

perisian

telefone

telefon

tomada elétrica

soket plag

fax

mesin faks

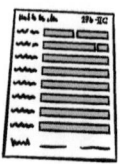

formulário

bentuk

documento

dokumen

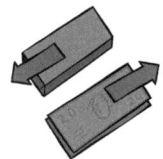

comprar
beli

pagar
bayar

negociar
berdagang

dinheiro
wang

dólar
dolar

euro
euro

yen
yen

rublo
rubel

franco suíço
franc swiss

renminbi yuan
renminbi yuan

rupia
rupee

caixa de multibanco
mata tunai

casa de câmbio

pejabat tukaran mata wang

ouro

emas

prata

perak

petróleo

minyak

energia

tenaga

preço

harga

contrato

kontrak

imposto

cukai

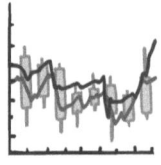

ação

stok

trabalhar

kerja

empregado

pekerja

entidade patronal

majikan

fábrica

kilang

loja

kedai

profissões
pekerjaan

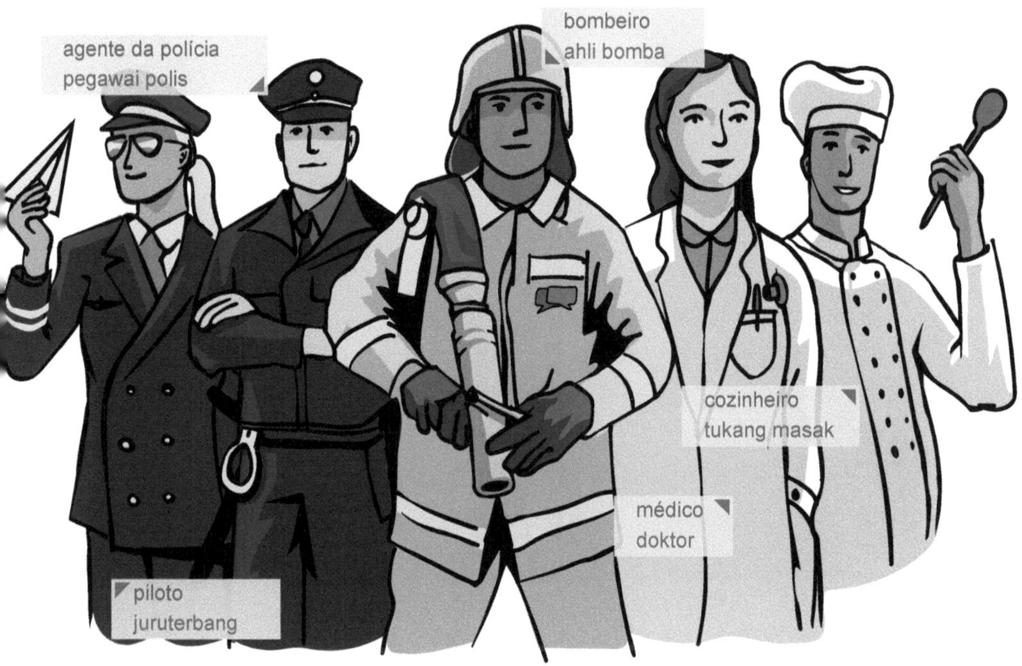
agente da polícia
pegawai polis
bombeiro
ahli bomba
cozinheiro
tukang masak
médico
doktor
piloto
juruterbang

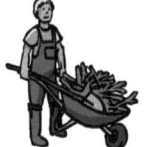

jardineiro

tukang kebun

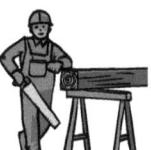

carpinteiro

tukang kayu

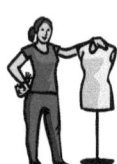

costureira

tukang jahit

juiz

hakim

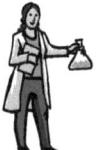

químico

ahli kimia

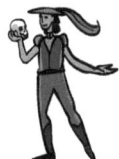

ator

pelakon

motorista de autocarro

pemandu bas

motorista de táxi

pemandu teksi

pescador

nelayan

empregada de limpeza

wanita pencuci

telhador

kasau

empregado de mesa

pelayan

caçador

pemburu

pintor

pelukis

padeiro

bakeri

eletricista

juruelektrik

construtor

pembangun

engenheiro

jurutera

talhante

penjual daging

canalizador

tukang paip

carteiro

posmen

soldado

askar

arquiteto

arkitek

caixa

juruwang

florista

kedai bunga

cabeleireiro

pendandan rambut

controlador de bilhetes

konduktor

mecânico

mekanik

capitão

kapten

dentista

doktor gigi

cientista

ahli sains

rabino

tuhanku

imã

imam

monge

sami

pastor

paderi

ferramentas
alat

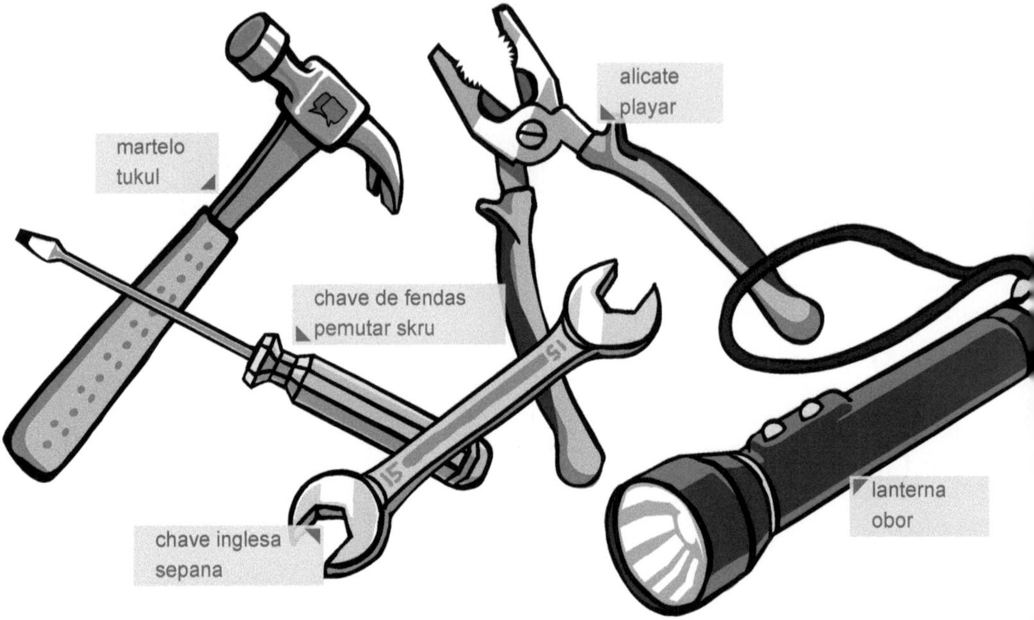
alicate
playar
martelo
tukul
chave de fendas
pemutar skru
lanterna
obor
chave inglesa
sepana

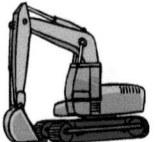

escavadora
pengorek

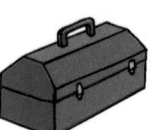

caixa de ferramentas
kotak peralatan

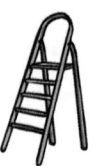

escadote
tangga

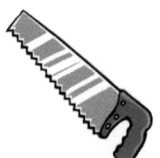

serra
gergaji

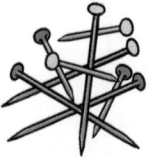

pregos
kuku

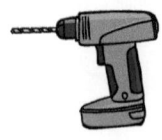

broca
gerudi

reparar

baiki

pá

penyodok

porcaria!

Celaka!

pá de lixo

penadah sampah

pote de tinta

periuk cat

parafusos

skru

instrumentos musicais
alat muzik

altifalante
pembesar suara

bateria
perangkat dram

guitarra
gitar

contrabaixo
bass berganda

trompete
trompet

piano

piano

violino

biola

baixo

bass

timbales

timpani

tambor

dram

teclado

papan kekunci

saxofone

saksofon

flauta

seruling

microfone

mikrofon

jardim zoológico

zoo

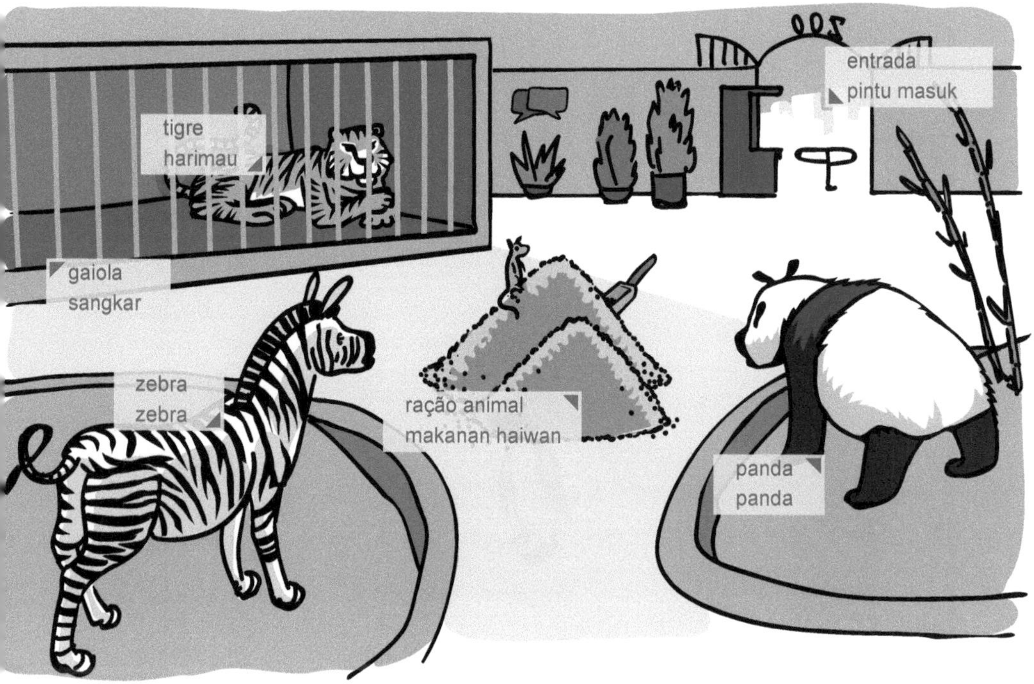

entrada
pintu masuk
tigre
harimau
gaiola
sangkar
zebra
zebra
ração animal
makanan haiwan
panda
panda

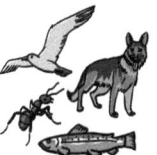

animais

haiwan

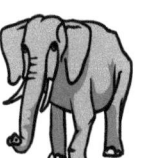

elefante

gajah

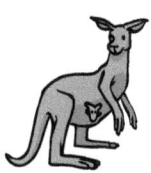

canguru

kanggaru

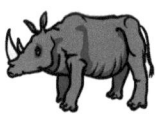

rinoceronte

badak sumbu

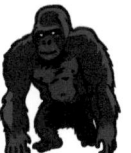

gorila

gorila

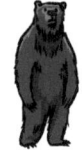

urso

beruang

camelo

unta

avestruz

burung unta

leão

singa

macaco

monyet

flamingo

flamingo

papagaio

nuri

urso polar

beruang kutub

pinguim

penguin

tubarão

yu

pavão

merak

cobra

ular

crocodilo

buaya

guarda do jardim zoológico

penjaga zoo

foca

anjing laut

jaguar

jaguar

futebol americano
bola sepak Amerika

ciclismo
berbasikal

ténis
tenis

basquetebol
bola keranjang

natação
renang

hóquei no gelo
hoki ais

boxe
tinju

futebol
bola sepak

badminton
badminton

atletismo
olahraga

andebol
bola baling

esqui
ski

polo
polo

saltar
lompat

abraçar
peluk

rir
ketawa

andar
berjalan

cantar
menyanyi

sonhar
mimpi

rezar
berdoa

beijar
cium

escrever
tulis

desenhar
lukis

mostrar
tunjuk

empurrar
tolak

dar
beri

tomar
ambil

ter
ada

fazer
buat

ser
ialah

ficar de pé
berdiri

correr
lari

puxar
tarik

remessar
buang

cair
jatuh

deitar
tipu

esperar
tunggu

carregar
bawa

sentar
duduk

vestir
pakai

dormir
tidur

acordar
bangkit

olhar para

lihat pada

chorar

menangis

acariciar

strok

pentear

sikat

falar

cakap

compreender

faham

perguntar

tanya

ouvir

dengar

beber

minum

comer

makan

arrumar

mengemas

amar

sayang

cozinhar

masak

conduzir

pandu

voar

terbang

velejar

belayar

calcular

kira

ler

baca

aprender

belajar

trabalhar

kerja

casar

nikah

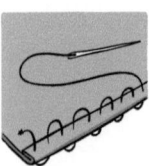

costurar

jahit

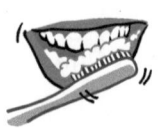

escovar os dentes

memberus gigi

matar

bunuh

fumar

asap

enviar

hantar

família
keluarga

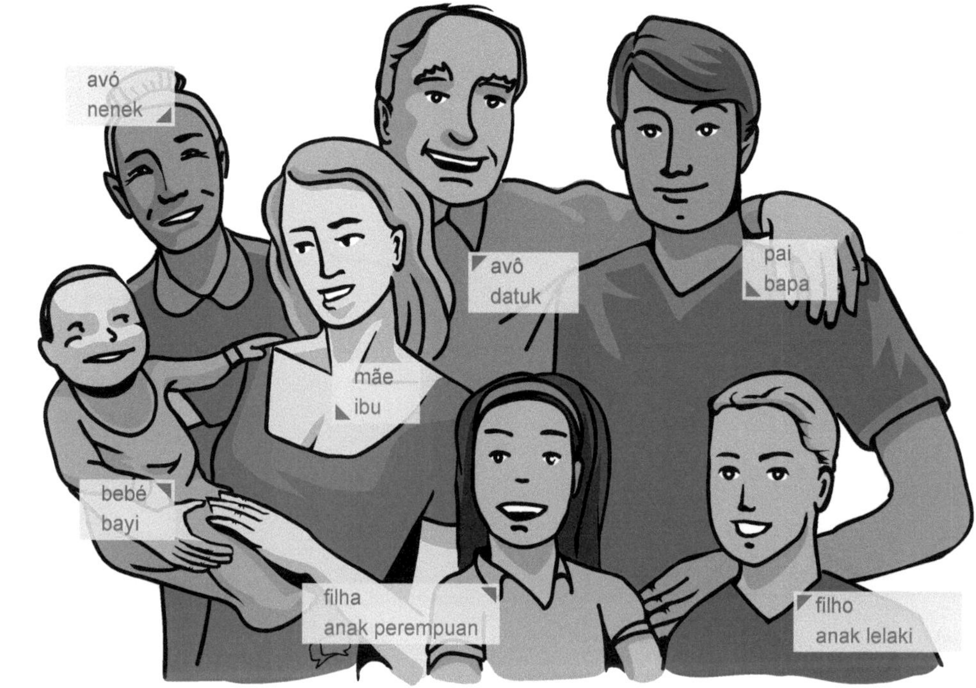

avó
nenek
avô
datuk
pai
bapa
mãe
ibu
bebé
bayi
filha
anak perempuan
filho
anak lelaki

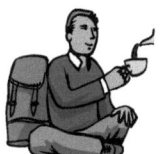

convidado

tetamu

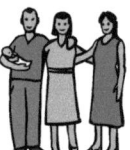

tia

mak cik

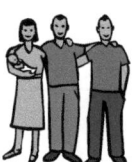

tio

pak cik

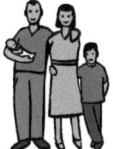

irmão

abang

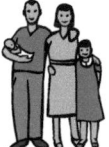

irmã

kakak

corpo
badan

testa
dahi
olho
mata
ombro
bahu
dedo
jari
cara
muka
queixo
dagu
mão
tangan
perna
kaki
peito
dada
braço
lengan

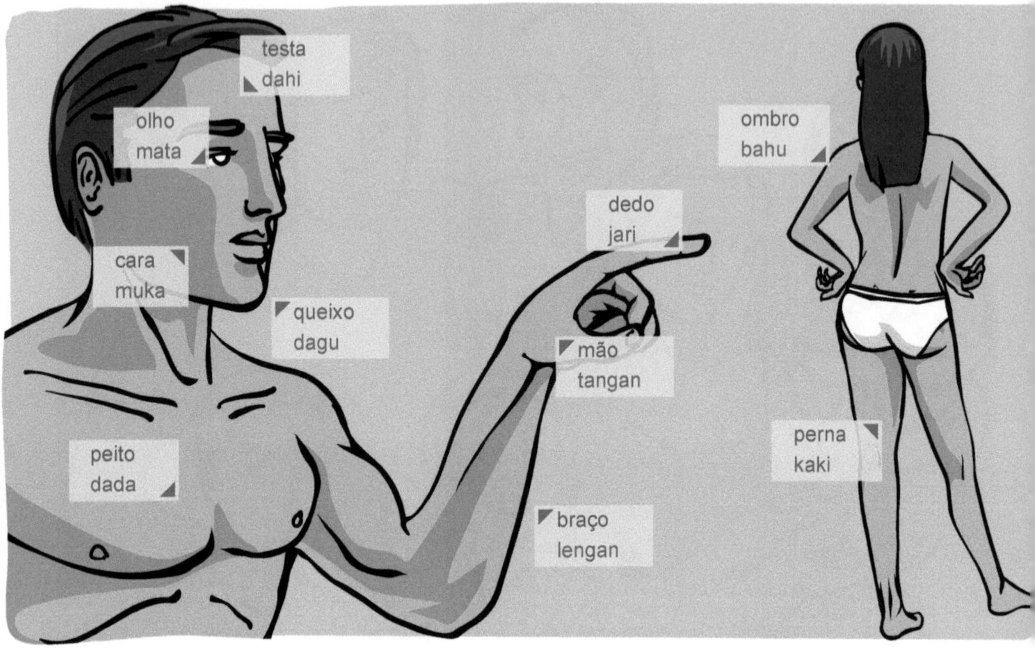

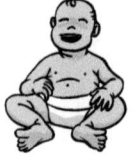

bebé
bayi

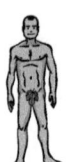

homem
lelaki

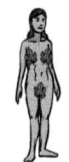

mulher
wanita

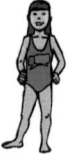

menina
perempuan

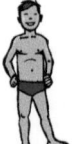

menino
lelaki

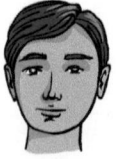

cabeça
kepala

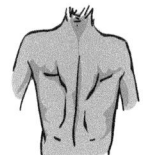

costas
belakang

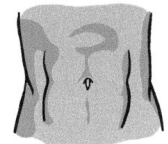

barriga
bawah perut

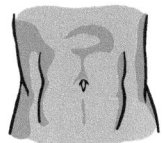

umbigo
pusat

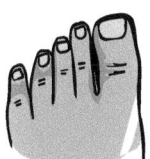

dedo do pé
jari kaki

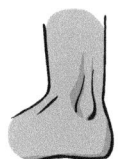

calcanhar
tumit

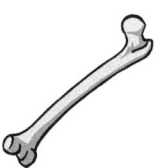

osso
tulang

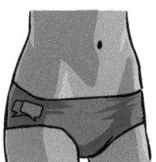

anca
pinggul

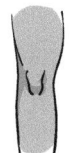

joelho
lutut

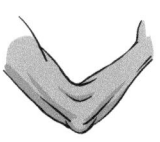

cotovelo
siku

nariz
hidung

nádegas
bawah

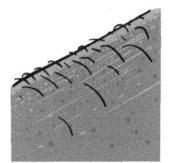

pele
kulit

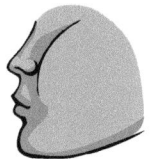

bochecha
pipi

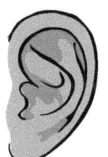

orelha
telinga

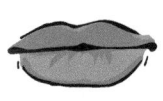

lábio
bibir

corpo - badan

boca
mulut

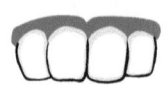

dente
gigi

língua
lidah

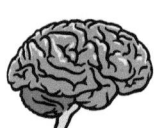

cérebro
otak

coração
hati

músculo
otot

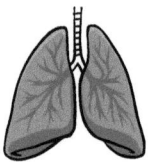

pulmão
paru-paru

fígado
hati

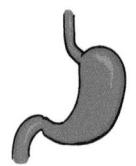

estômago
perut

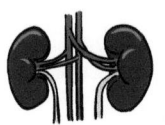

rins
buah pinggang

relações sexuais
seks

preservativo
kondom

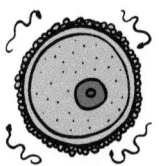

óvulo
faraj

esperma
mani

gravidez
mengandung

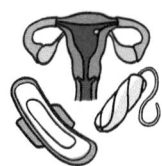

menstruação
haid

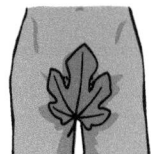

vagina
faraj

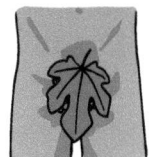

pénis
penis

sobrancelha
kening

cabelo
rambut

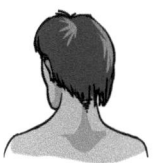

pescoço
leher

hospital
hospital

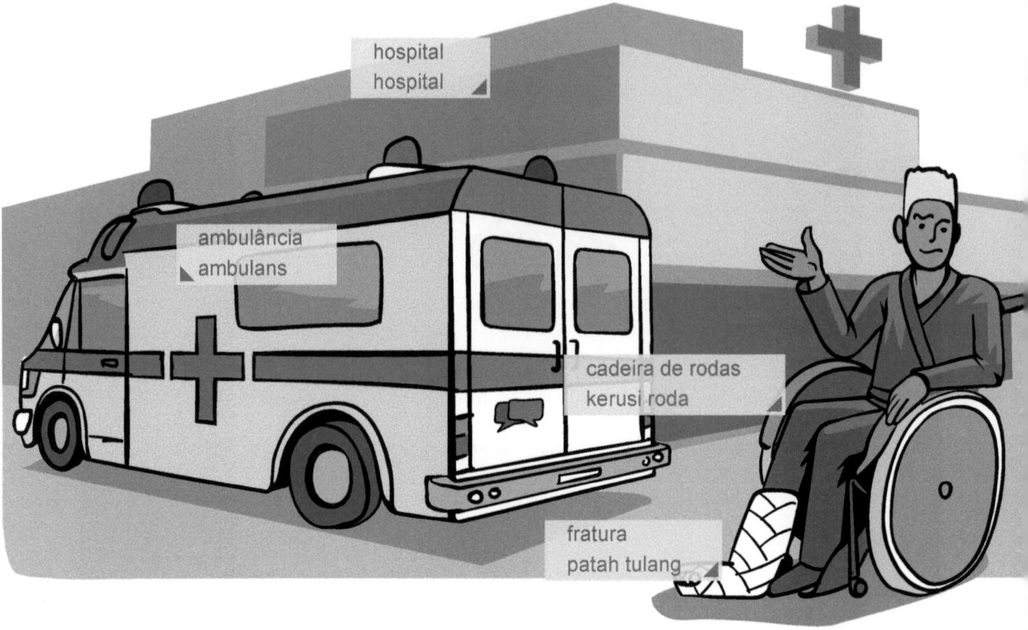

hospital
hospital
ambulância
ambulans
cadeira de rodas
kerusi roda
fratura
patah tulang

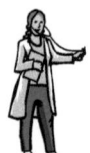

médico

doktor

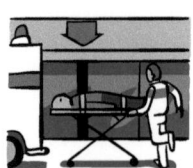

serviço de urgências

bilik kecemasan

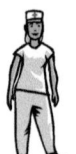

enfermeira

jururawat

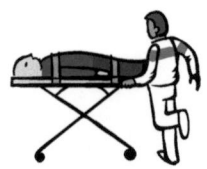

emergência

kecemasan

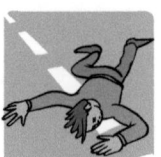

inconsciente

tak sedar

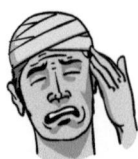

dor

sakit

ferimento

kecederaan

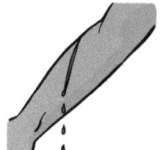

hemorragia

pendarahan

ataque cardíaco

serangan jantung

acidente vascular cerebral

strok

alergia

alergi

tosse

batuk

febre

demam

gripe

selesema

diarreia

cirit-birit

dor de cabeça

sakit kepala

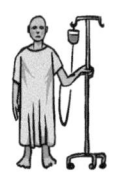

cancro

kanser

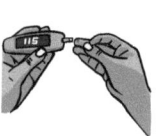

diabetes

diabetes

cirurgião

pakar bedah

bisturi

pisau bedah

operação

pembedahan

CT

CT

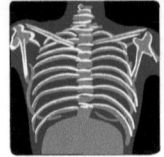

raio x

x-ray

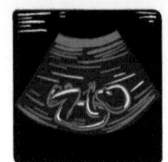

ultrassom

ultrabunyi

máscara

topeng muka

doença

penyakit

sala de espera

bilik menunggu

muleta

penongkat

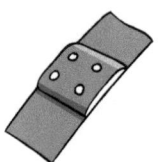

penso rápido

plaster

ligadura

pembalut

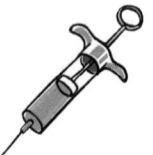

injeção

suntikan

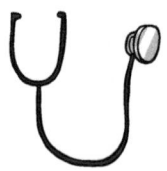

estetoscópio

stetoskop

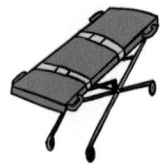

maca

pengusung

termómetro

termometer klinik

nascimento

kelahiran

excesso de peso

berat badan berlebihan

aparelho auditivo

alat pendengaran

desinfetante

disinfektan

infeção

jangkitan

vírus

virus

HIV / SIDA

HIV / AIDS

medicamento

perubatan

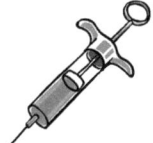

vacinação

vaksinasi

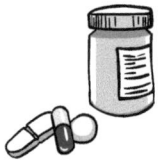

comprimidos

tablet

pílula

pil

chamada de emergência

panggilan kecemasan

dispositivo de medição de
pressão arterial

pantau tekanan darah

doente / saudável

sakit / sihat

Socorro!

Tolong!

alarme

penggera

assalto

serang

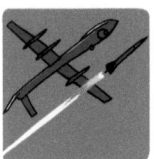

ataque

serangan

perigo

bahaya

saída de emergência

pintu kecemasan

Fogo!

Api!

extintor de incêndios

alat pemadam api

acidente

kemalangan

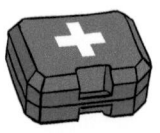

estojo de primeiros socorros

alat pertolongan cemas

SOS

SOS

polícia

polis

pónei

kuda

leopardo

harimau

hipopótamo

badak air

girafa

zirafah

águia

helang

javali

babi jantan

peixe

ikan

tartaruga

penyu

morsa

anjing laut

raposa

musang

gazela

rusa

Europa

Eropah

América do Norte

Amerika Utara

América do Sul

Amerika Selatan

África

Afrika

Ásia

Asia

Austrália

Australia

Atlântico

Atlantic

Pacífico

Pasifik

Oceano Índico

Lautan Hindi

Oceano Antártico

Lautan Antartik

Oceano Ártico

Lautan Artik

Polo Norte

Kutub utara

Polo Sul

Kutub Selatan

Antártica

Antartika

terra

bumi

país

tanah

mar

laut

ilha

pulau

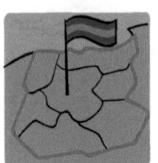

nação

negara

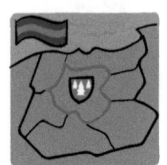

estado

negeri

mostrador do relógio

muka jam

ponteiro das horas

tangan jam

ponteiro dos minutos

tangan minit

ponteiro dos segundos

terpakai

Que horas são?

Jam berapa sekarang

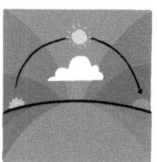

dia

hari

tempo

masa

agora

sekarang

relógio digital

jam digital

minuto

minit

hora

jam

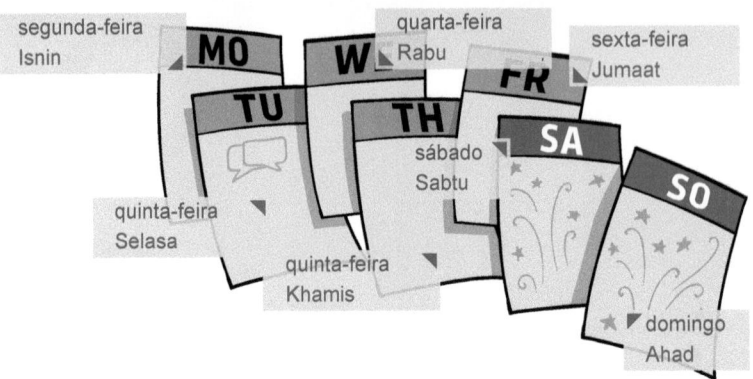

segunda-feira
Isnin

quarta-feira
Rabu

sexta-feira
Jumaat

sábado
Sabtu

quinta-feira
Selasa

quinta-feira
Khamis

domingo
Ahad

ontem

semalam

hoje

hari ini

amanhã

esok

manhã

pagi

meio-dia

tengah hari

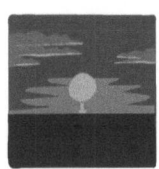

entardecer

petang

dias úteis

hari kerja

fim de semana

hari minggu

ano
tahun

chuva
hujan
arco-íris
pelangi
neve
salji
vento
angin
primavera
musim bunga
outono
musim luruh
verão
musim panas
inverno
musim salji

4.APRIL 11°
5.APRIL 4°
6.APRIL 13°
7.APRIL 8°
8.APRIL 10°

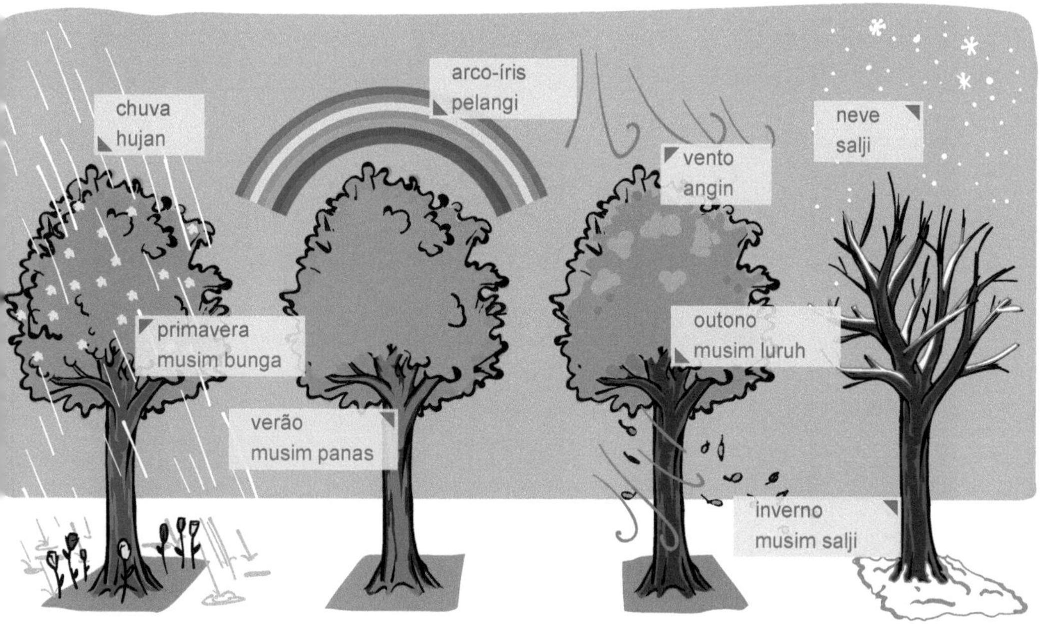

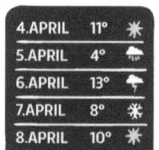

previsão do tempo
ramalan cuaca

F C
120 40
90 30
60 20
30 10
0 0
-30 -10
-20

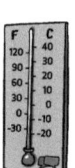

termómetro
termometer

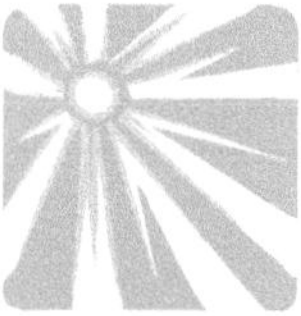

raios de sol
sinar matahari

nuvem
awan

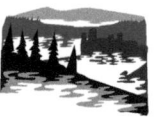

neblina / nevoeiro
kabus

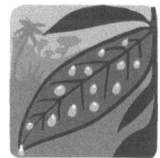

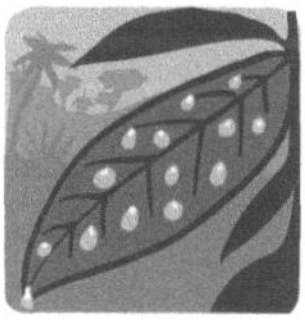

humidade do ar
lembapan

relâmpago

kilat

trovão

petir

tempestade

ribut

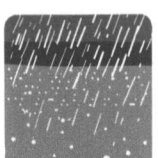

granizo

hujan batu

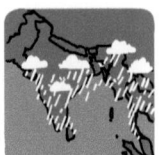

monção

monsun

inundação

banjir

gelo

ais

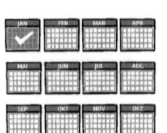

janeiro

Januari

fevereiro

Februari

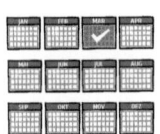

março

Mac

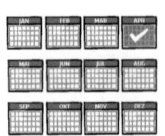

abril

April

maio

Mei

junho

Jun

julho

Julai

agosto

Ogos

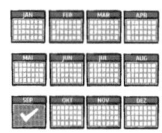

setembro

September

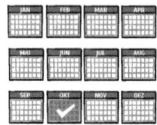

outubro

Oktober

novembro

November

dezembro

Disember

formas
bentuk

círculo

bulatan

quadrado

petak

retângulo

segi empat tepat

triângulo

segitiga

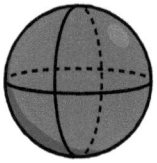

esfera

sfera

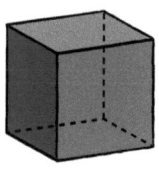

cubo

kiub

branco

putih

amarelo

kuning

laranja

oren

rosa

merah jambu

vermelho

merah

lilás

ungu

azul

biru

verde

hijau

castanho

coklat

cinzento

kelabu

preto

hitam

muito / pouco

banyak / sedikit

furioso / calmo

marah / tenang

lindo / feio

cantik / hodoh

princípio / fim

bermula / tamat

grande / pequeno

besar kecil

claro / escuro

terang / gelap

irmão / irmã

abang / kakak

limpo / sujo

bersih / kotor

completo / incompleto

lengkap / tidak lengkap

dia / noite

hari / malam

morto / vivo

mati / hidup

largo / estreito

luas / sempit

comestível / não comestível

boleh dimakan / tidak boleh dimakan

mau / gentil

jahat / baik

entusiasmado / entediado

teruja / bosan

gordo / magro

gemuk / kurus

primeiro / último

pertama / terakhir

amigo / inimigo

kawan / musuh

cheio / vazio

penuh / kosong

duro / macio

keras / lembut

pesado / leve

berat / ringan

fome / sede

lapar / dahaga

doente / saudável

sakit / sihat

ilegal / legal

menyalahi undang-undang / undang-undang

inteligente / burro

pintar / bodoh

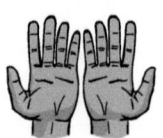

esquerda / direita

kiri / kanan

perto / longe

dekat / jauh

novo / usado

baru / lama

nada / algo

tiada / sesuatu

velho / jovem

tua / muda

ligado / desligado

hidup / mati

aberto / fechado

terbuka / tertutup

baixo / alto

diam / bising

rico / pobre

kaya / miskin

certo / errado

betul / salah

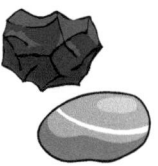

áspero / liso

kasar / halus

triste / feliz

sedih / gembira

curto / longo

pendek / panjang

lento / rápido

lambat / laju

molhado / seco

basah / kering

ameno / fresco

panas / sejuk

guerra / paz

berperang / berdamai

0

zero

sifar

1

um

satu

2

dois

dua

3

três

tiga

4

quatro

empat

5

cinco

lima

6

seis

enam

7

sete

tujuh

8

oito

lapan

9

nove

sembilan

10

dez

sepuluh

11

onze

sebelas

12
doze

dua belas

13
treze

tiga belas

14
catorze

empat belas

15
quinze

lima belas

16
dezasseis

enam belas

17
dezassete

tujuh belas

18
dezoito

lapan belas

19
dezanove

Sembilan belas

20
vinte

dua puluh

100
cem

ratus

1.000
mil

ribu

1.000.000
milhão

juta

inglês

Bahasa Inggeris

inglês americano

Bahasa Inggeris Amerika

chinês mandarim

Bahasa Cina Mandarin

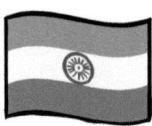

hindi

Bahasa Hindi

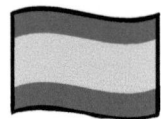

espanhol

Bahasa Sepanyol

francês

Bahasa Perancis

árabe

Bahasa Arab

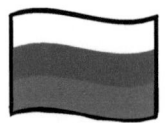

russo

Bahasa Rusia

português

Bahasa Portugis

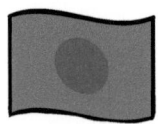

bengalês

Bahasa Benggali

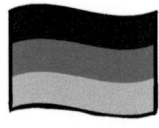

alemão

Bahasa Jerman

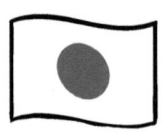

japonês

Bahasa Jepun

eu

saya

tu

anda

ele / ela

dia / dia / ia

nós

kita

vós

anda

eles / elas

mereka

quem?

siapa?

o quê?

apa?

como?

bagaimana?

onde?

di mana?

quando?

bila?

nome

nama

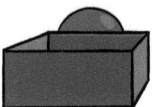

atrás
......
belakang

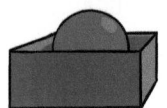

em
......
dalam

à frente de
......
di hadapan

sobre
......
lebih

em cima
......
pada

debaixo
......
di bawah

ao lado
......
bersebelahan

entre
......
antara

lugar
......
tempat